Mavis está triste

Text and illustrations by Terry T. Waltz

Mavis está triste

Text and illustrations by Terry T. Waltz
Spanish edition edited by Ana Andrés del Pozo

ISBN-13: 978-1-946626-51-6
Published by Squid For Brains
Albany, NY

Me llamo Mavis.

Mavis tiene un problema.
Mavis está muy triste.

Tiene un problema grande. A Mavis le gusta mucho Justin Lumberpond.

«Es interesante y famoso y guapo. Justin canta bien. Justin baila bien también. ¡Me gusta mucho Justin Lumberpond!».

A las chicas les gusta mucho Justin Lumberpond. Les gusta Justin porque Justin es muy guapo. Canta y baila bien también.

A las chicas altas les gusta Justin Lumberpond. A las chicas bajas les gusta Justin Lumberpond también. A las chicas de pelo largo les gusta Justin. A las chicas de pelo corto les gusta también. ¡A todas las chicas les gusta Justin!

«Me gusta Justin, pero Justin es muy especial. Y yo no soy especial. ¡Qué pena!».

Mavis compra CosmoVogue.
CosmoVogue dice que a Justin
Lumberpond le gustan las chicas altas.

Pero Mavis no es alta. Mavis llora. «A Justin le gustan las chicas altas, pero yo no soy alta! ¡Qué pena!».

¿Adónde va Mavis? Mavis va a
Nosotros-R-Heels.

¡Ahora Mavis está alta! Pero a
Justin Lumberpond no le gusta.
¡Qué pena!

Mavis está muy triste.
«Justin es especial. ¡Quiero
ser especial también!».

Mavis ve la tele. La tele dice que a Justin Lumberpond le gustan las chicas de pelo largo.

Pero el pelo de Mavis no es largo. Es corto.

Mavis va a Trump's Wigs porque quiere el pelo largo.

Pero a Mavis no le gusta el pelo largo. No es cómodo.

A Justin Lumberpond no le gusta el pelo largo de Mavis.

Mavis está muy triste. No le gusta el pelo largo.

Va a SuperHaircuts. Ahora está más contenta porque tiene el pelo corto.

Mavis piensa: «¿Qué me importa? No quiero el pelo largo. No quiero ser alta. Me gusta leer. ¡Quiero leer! ¡No quiero pensar en Justin!».

Mavis lee un libro. No piensa en Justin Lumberpond. Ahora a Mavis no le importa Justin. Mavis lee porque a Mavis le gusta leer. El libro es más interesante que Justin.

Justin Lumberpond le dice a Mavis: «Me gusta mucho leer también! ¿Cómo se llama el libro? ¿Es interesante?».

¡Es una chica muy especial!

Mavis le dice: «Sí, es muy bueno.
¿Quieres leer?». Justin le dice: «¡Sí!».
Mavis y Justin leen, y están contentos.

Glossary

adónde: to where?
ahora: now
altas: tall
ay de mí: OMG
baila: s/he dances
bajas: short
bien: well
canta: s/he sings
chicas: girls
cómodo: comfortable
compra: s/he buys
contenta: happy
corto: short
de pelo corto: with short hair
de pelo largo: with long hair
dice que: s/he says that
es: s/he/it is
especial: special
está alta: is tall (just for the moment)
está triste: s/he feels sad
están contentos: they feel happy
famoso: famous
grande: big
guapo: handsome

incómodo: uncomfortable
interesante: interesting
largo: long
las chicas que leen: girls who read
le dice: s/he says to him/her
le gusta: s/he likes it
le gustan: they like it/him/her
le importa: s/he cares about it/him/her
lee: s/he reads
leen: they read
leer: to read
les gusta: they like it/him/her
libro: book
llora: s/he cries
más contenta: happier
más interesante que: more interesting than
me gusta: I like it/him/her
me llamo: I call myself (my name is)
mi: my
mucho: a lot
muy: very

pelo: hair
pensar en: to think about
pero: but
porque: because
problema: problem
qué me importa: what do I care? (what importance is it to me?)
qué pena: what a pity
quiere: s/he wants
quiero: I want
ser: to be
soy: I am
también: also
te gusta: you like it
tengo: I have
tiene: s/he has
todas: all
triste: sad
un: a
un buen libro: a good book
va: s/he goes
ve: s/he sees
y: and
yo: I

Made in the USA
Las Vegas, NV
13 October 2021